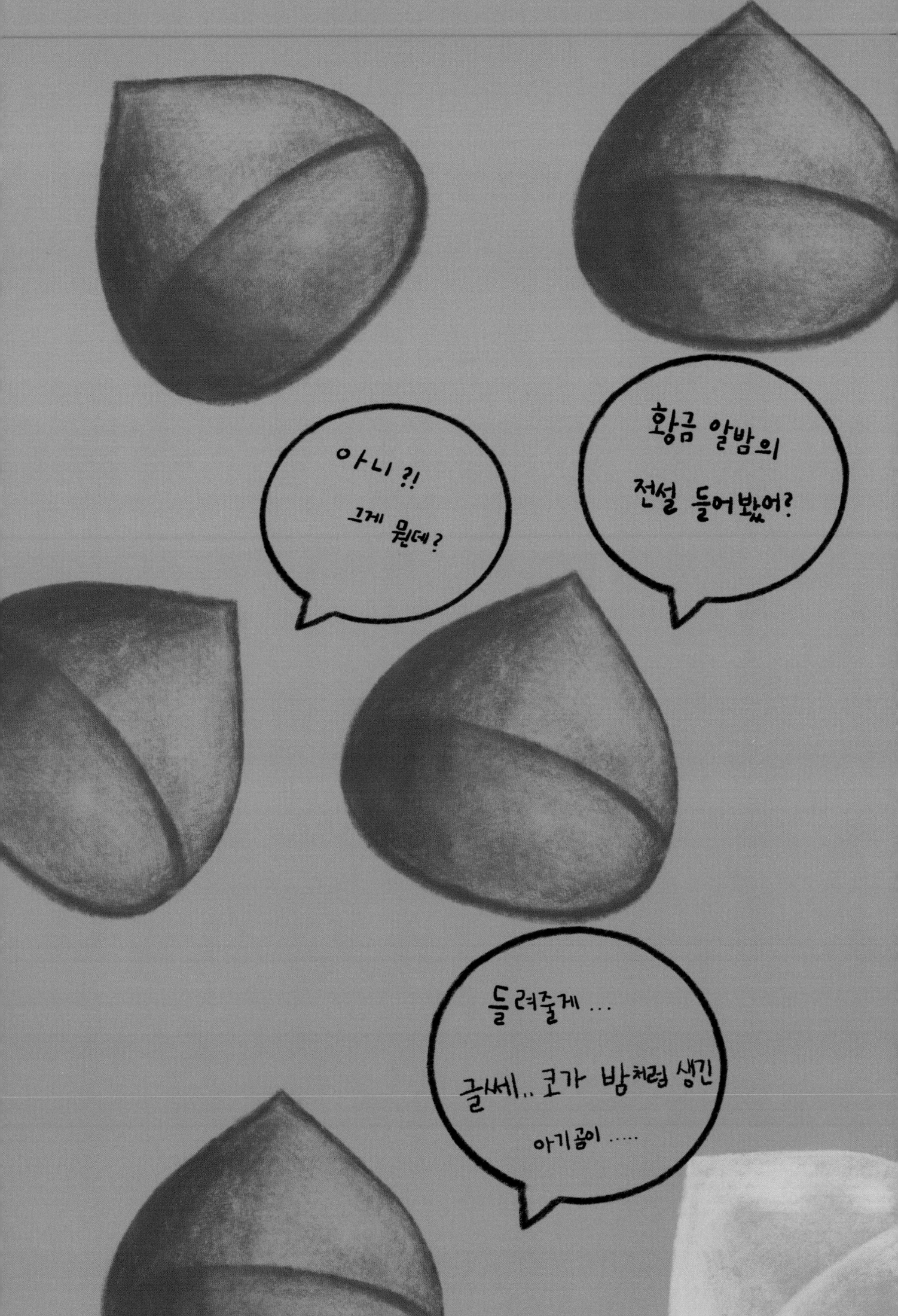

알밤을 찾아서

저 자 | 김한빈 글 | 오예진 그림

SNS | 인스타그램 @albam_kids
발 행 | 2023.09.25

출판사등록 | 2023.04.17 (제 450-2023 -000008 호)
주 소 | 충청남도 공주시 관골1길31- 8
전 화 | 010-3968-4714
이메일 | albam96@naver.com

ISBN | 979-11-984578-0-6

ⓒ알밤이들, 2023

본 책 내용의 전부 또는 일부를 재사용하려면 반드시 저작권자의 동의를 받으셔야 합니다.
※ 본 책에는 아산시가 제공하는 이순신체 및 이순신돋움체 서체가 사용되었습니다.
※ 본 책에는 한국저작권위원회 저작권자 (주)보이저엑스, 의왕시청소년수련관 제공하는 온글잎 의청수 시우체 서체가 사용되었습니다.
※ 본 책에는 (주)산돌커뮤니케이션, 기획: 제주도디자인협동조합 Copyrightⓒ2010 제주특별자치도에서 제공하는 제주서체 및 제주명조 서체가 사용되었습니다.
※ 본 책에는 한국저작권위원회에서 제공하는 KCC도담도담체 서체가 사용되었습니다.
※ 본 책에는 [ⓒ한국관광공사 사진갤러리-김지호, ⓒ한국관광공사 사진갤러리-전형준] 제공하는 사진이 사용되었습니다.(64-65페이지)

알밤을 찾아서

김한빈 글 | 오예진 그림

알밤이들
ALBAM KIDS COMPANY

안녕?
난 밤코라고 해

" 엄마, 엄마! "

밤코의 엄마는 하루, 이틀, 일주일이 지나도 일어나지 못하고 있었어요.

" 우르르 쾅쾅!! "

"까악—까악—"

"찌직 찌지직!"

한편 마을은...

빛을 잃고, 땅이 갈라지며
농작물도 모두 죽어가고 있었어요.

밤코는 엄마의 병을 낫게 할 방법을 찾기 위해 무작정 집을 나섰어요.

밤코는 마을회의에 도착했어요.
엄마의 병이 낫질 않는다며
울면서 도움을 청했죠.

" 엄마의 병을 고칠 방법이 없을까요??
제발 무엇이든 알려주세요."

그때, 호랑이가 이야기를 꺼냈어요.

" 한 가지 방법이 있긴한데..
전설로 전해져 내려오는 이야기지. "

" 혹시 전설의 황금알밤!? "

동물들은 눈을 동그랗게 뜨고
호랑이를 쳐다봤어요.

호랑이는 동물들에게 전설 속 황금알밤
이야기를 해주었죠.

🌰 🌰 🌰 🌰 🌰

" 황금알밤 5개를 모으면 소원이 이루어진다!! "

" 보름달이 뜨는 밤,
5개의 산꼭대기에서
다섯 동물이 함께 기도하면
황금알밤이 떨어진다네!
단, 아주 정성껏 기도해야해. "

" 바로 오늘 보름달이 떠요! "

" 자, 그럼, 바로 시작해보자고!
각자 황금알밤이 어디에 떨어졌는지
기억해두고 밤코에게 알려주도록! "

동물들은 호랑이의 지휘에 맞춰
빠르게 작전을 짰어요.

" 누군가 황금알밤을 찾기 전에
우리가 먼저 찾아야해! "

'번쩍!'

서로의 마음이 통했을 때,
빛이 번쩍하며 황금알밤들이 떨어졌어요.
밝은 빛에 다섯 동물들이 눈을 뜨고,
각자 알밤이 떨어진 위치를 기억해두었지요.

그날 밤 다섯 동물이 산에 올라 온 힘을 다해 황금 알밤이 떨어지게 해달라고 소원을 빌었어요.

다섯 동물들은 어젯밤, 황금알밤이 떨어진
위치를 적어 밤코에게 주었어요.

" 자 밤코야! 이게 도움이 될 거야.
행운을 빌게! "

" 다들 고마워요! 꼭 성공해서 돌아올게요! "

밤코는 첫 번째 종이를 펼쳐보았어요.

" 안녕하세요!
전 밤코에요.
혹시 어젯밤 반짝거리는 알밤이
여기 떨어지지 않았나요? "

" 뭐야 넌 누구냐! "

" 뭐? 알밤? 보물도 아니고... 쳇.
난 알밤은 관심 없으니
우리 집에 와서 찾아보던지~ "

' 깜깜한 미로 속에서 설마 찾겠어? '

" 와 깜깜한 미로잖아!
어디 나의 미로찾기 실력을 보여주지! "

밤코는 두더지를 따라 구멍으로
쏘옥 들어갔어요.
안은 정말 **깜깜**했어요.

왕비의 동탁은잔

석수

금동신발

무령왕의 금제 관식

밤코는 밖으로 나와
두 번째 종이를 펼쳤어요.

"안녕 고마워!"

"여긴 엄마랑 가 본 적 있지~!"

밤코를 발견한 다람쥐가
정신없이 뛰어다니고 있어요.

" 휴우 이제야 살겠네.
고마우니까 이걸 선물로 줄게! "

다람쥐는 입에 저장해두고 있던
황금알밤을 건넸어요.

밤코는 다람쥐에게 **두 번째** 황금알밤을 받고 다시 길을 떠났어요.

이번엔 어디일까요?

밤코는 금강을 건너기 위해 뗏목을 탔어요.
배가 몹시 고팠던 밤코는 물고기를 잡아먹으려 했죠.
그때! 어디선가 목소리가 들렸어요.

" 응? "

" 아기곰아!! 날 잡아먹으려고?
날 좀 도와줘!!
우리 아기들이 그물에 갇혔어! "

밤코는 아픈 엄마가 생각이 났어요.
아기 물고기들을 구하기 위해 발톱으로 그물을 찢었어요.

"이야앗!!"

그리고 그물 속에 있는 조개들과
황금알밤도 건졌지요.

밤코는 **행복**해하는
물고기 가족들을 보고 너무나 기뻤어요.
그리고 **세 번째** 황금알밤도
꼭 꼭 잘 챙겼지요.

밤코는 다시 뗏목을 타고
사진에 있는 곳으로 향했어요.

" 여기다! 어? 여기 집이 있네? "

밤코는 벽에 걸려있는 빛나는 목걸이를 봤어요.
그리고 어떤 아이와 눈이 마주쳤죠.

' 앗 저건 황금알밤이잖아? '

" 안녕! 난 밤코야. "

" 안녕! 넌 누구야? "

"이건 내가 만든 목걸이야.
어때, 예쁘지? "

" 응 정말 예쁘다. 눈부셔!
난 빛나는 조개를 가지고 있는데,
혹시 황금알밤이랑 바꾸지 않을래? "

밤코는 아까 물고기 친구들에게
받은 조개를 건넸어요.
그리고 네 번째 황금알밤도
얻게 되었죠.

" 와! 난 빛나는 조개가
더 좋은걸? 좋아, 바꾸자! "

" 누구냐!! 거기 꼼짝말고 있어라!! "

" 앗 이게 무슨일이지? 어떡해! "

" 아기곰아 빨리 돌아가!
이쪽으로 가면 지름길이 있어! "

" 휴우 드디어 따돌렸네.
마지막 사진은 우리 집이잖아? "

밤코는 밤코네 집 사진을 보며
고개를 **갸우뚱** 했어요.
그리고 일단 **집**으로 돌아갔답니다.

'아직 황금알밤 하나를
찾지 못했는데 어쩌지?'

집 앞에 도착했을 때,
갑자기 밤코의 코가 간지럽기 시작했어요!
밤코는 이상하다고 생각했지요.

하지만 마중 나온 동물 친구들을 보고는 얼른 집으로 뛰어 들어갔어요.

그때였어요!
밤코의 코가 **반짝** 빛났어요.
밤코의 코를 보고 모두 깜짝 놀랐지요.

밤코는 "내 코가
다섯 번째 황금알밤이구나!" 하고
생각했어요.

동물들과 밤코는 다 함께
엄마 곰이 낫길 빌었어요.

" 제발 엄마가 다시 일어나게 해주세요!
우리 마을이 다시 행복해지게 해주세요! "

그 순간 **번쩍!** 하는 엄청난 **빛**과 함께
동물 친구들은 눈을 떴어요.

그리고...

"잔치를 하자!"

마을에는 다시 곡식이 자라고 생기를 되찾았어요. 말랐던 우물에는 물이 가득 차고, 금빛 가루가 휘날렸죠. 마을의 나무에는 주렁주렁 황금알밤들이 달렸어요!!!

이제 엄마도 나으시고 마을도 돌아왔어.
다시 행복을 찾게 되어 정말 다행이야.
너희도 **황금알밤을** 찾아보지 않을래?

공산성

백제시대의 대표적인 성곽으로, 수도를 서울에서 공주로 옮기며 공주를 방어하기 위해 지어진 산성이에요. 백제 때에는 웅진성으로 불렸다가 고려시대에 공산성, 조선시대에는 쌍수산성으로 불렸죠. 성벽은 흙으로도, 돌로도 쌓아 만들었어요. 앞쪽으로는 금강이 흐르며, 밤에 금강신관공원에서 보는 공산성도 무척 아름다워요.

공주시 금강 전경

비단같이 아름답다고 하여 '금강'이라고 이름이 붙여졌대요.
공주의 중심부를 흐르며 사람들의 삶의 터전이 되어주었고,
공주의 자연, 역사, 문화와 어우러지며 지역의 뿌리가 되어온 강이에요.

무령왕릉과 왕릉원

왕릉원에서는 돌로 만든 굴식돌방무덤과 벽돌무덤을 볼 수 있어요. 그 중 무령왕릉은 백제 25대 왕인 무령왕과 왕비의 무덤으로, 삼국시대 고분 중 무덤의 주인을 알 수 있는 유일한 왕릉이에요. 백제문화의 우수성과 폭넓은 대외교류를 보여주는 4,600여점의 다양한 유물도 발견되었지요!

석장리 유적지와 석장리 박물관

석장리 유적은 홍수로 강가 언덕이 무너지면서 처음 발견되었어요. 이것으로 우리나라에 구석기시대부터 사람이 살았다는 사실을 알게 되었어요. 찍개·긁개·주먹도끼·새기개 등의 석기류와 집터도 발견되었지요. 이곳에 석장리 박물관이 세워졌고, 전시관에서 자세한 이야기와 함께 선사 문화를 알아볼 수 있어요.

khb7404@naver.com
인스타그램 @bini.bami

김한빈 | 글

유아교육 전공자로 유치원 교사 생활을 하며 그림동화의 매력에 빠지게 된 작가 [김한빈]입니다.
'알밤을 찾아서'는 '아이들이 우리 지역에 대해 자연스럽게 관심 가질 수 있는 새로운 방법이 없을까?' 라는 작은 물음에서 부터 시작된 책입니다.
동화를 통해 공주 지역의 아름다움, 역사, 흥미로운 이야기들을 담아 어린이들에게 자연스럽게 알리고, 지역에 대한 자부심도 가질 수 있기를 기대하고 있습니다.
어린이들에게 새로운 경험과 지식을 전달하며, 지역 사회와 문화에 대한 관심을 끌어내는 것은 저의 큰 즐거움이며 소명입니다.
어린이들에게 지식과 상상력을 전달하며, 지역 사회의 발전과 문화 유산의 보존에 기여하는 일을 계속하겠습니다.

oyj902@naver.com
인스타그램 @art_y__j

오예진 | 그림

서양화 전공자이자 평면조형 작가로 활동 중인 [오예진]입니다.
'알밤을 찾아서'는 저에게 있어서 새로운 시작이자 도전적인 작업입니다. 이 작품은 공주시의 역사, 문화, 예술을 어린이들에게 소개하고자 하는 제작 과정에서 탄생했습니다.
우리의 이야기를 동화로 아름답게 전달하고, 어린이들의 호기심과 상상력을 자극하여 우리 지역의 역사를 탐구하고 이해하는데 기여하려고 노력했습니다.
그림과 이야기를 통해 어린이들의 마음에 감동을 주며, 우리나라의 다양한 역사, 문화유산, 예술작품, 그리고 문화적 특징들을 탐구하는 첫걸음을 함께 하고자 합니다.
또한 어린이들에게 우리나라를 자랑스럽게 여기고 사랑하도록 이끄는 일에 헌신하여, 그림과 이야기를 통해 어린이들의 미래를 밝게 비추는 일을 계속하겠습니다.

알밤이들은 청년 작가 김한빈과 오예진으로 이루어져 있으며 지역에 대한 이해와 애정을 형성시키는 어린이 '그림 동화' 사업 [알밤을 찾아서]를 첫 출간하게 되었습니다. 이 작품은 공주시를 배경으로 한 동화로, 우리 지역의 아름다움과 가치를 어린이들에게 전달합니다.
앞으로도 '알밤이들'은 다양한 지역 시리즈를 통해 다른 지역의 역사 이야기와 문화, 예술을 소개하고, 어린이들의 상상력을 풍부하게 하는데 기여할 것입니다.
우리 지역을 더욱 사랑하고 이해하는 어린이들을 위한 이 뜻깊은 여정을 함께해 주시길 바랍니다. 감사합니다.

[주최/주관: 알밤이들, 후원: 충청남도 창업 창직 보조사업 지원]